AF441725